AF563772

No 256

[Ac]tion Populaire

SÉRIE SOCIALE

O. JEAN

CAUSERIES OUVRIÈRES

L'Eglise et l'Organisation du travail

Le numéro : 0 fr. 25

PARIS
Maison Bleue
4, rue des Petits-Pères, 4

REIMS
Action Populaire
5, rue des Trois-Raisinets, 5

PARIS
Victor Lecoffre
90, rue Bonaparte, 90

Bar-le-Duc. — Impr. Brodard, Meuwly & Cie. — 6277,6,13.

ANNÉE SOCIALE INTERNATIONALE

[illegible]

[illegible] grand in-8° de 900 pages — [illegible] 10 fr.

[illegible] SOCIALE INTERNATIONALE [illegible] l'Éducation [illegible] l'Action sociale — Le Syndicalisme — L'État et la Production [illegible] — La Coopération [illegible] Sociale dans les pays d'Europe, d'Amérique, d'Asie, d'[illegible] [illegible] Sociale Internationale 1910 [illegible]

Les deux années 1911 et 1912 prises [illegible]

GUIDE SOCIAL [illegible]

[illegible]

[illegible]

[illegible]

[illegible] syndicales

[illegible]

[illegible]

N° 256.

Action Populaire

SÉRIE SOCIALE

O. JEAN

CAUSERIES OUVRIÈRES

L'Eglise et l'Organisation du travail

Le numéro : 0 fr. 25

PARIS
Maison Bleue
4, rue des Petits-Pères, 4

REIMS
Action Populaire
5, rue des Trois-Raisinets, 5

PARIS
Victor Lecoffre
90, rue Bonaparte, 90

L'Eglise et l'organisation du travail

I. — Le travailleur au moyen âge. Les corporations.

L'Eglise, après avoir réussi à tirer le travailleur de l'affreuse situation de l'esclavage pour en faire un ouvrier, l'a-t-elle abandonné? Infidèle à sa mission, a-t-elle cessé de s'occuper, en même temps que de ses besoins spirituels, de son bien-être matériel ? (1)

On serait presque tenté de le croire en écoutant les appréciations portées par des adversaires intéressés et de mauvaise foi sur cette époque du passé que l'on désigne sous le nom de « moyen âge ». Par ces mensonges habilement répandus et exploités, on est arrivé à rendre ce mot de « moyen âge » synonyme de je ne sais quel effroyable régime, dans lequel les tortures, les bûchers et les oubliettes punissaient infailliblement les moindres velléités de résistance des faibles à la tyrannie des puissants du jour : laïques ou ecclésiastiques.

Cette légende n'a que trop vécu. Aujourd'hui, on sait à quoi s'en tenir sur les affirmations dont on a percé à jour la véritable cause : le moyen âge a été ardemment croyant et pratiquant. En faire une époque d'obscurantisme, de terreur et d'oppression, c'est dénoncer par là même comme incompatible avec le développement de la liberté et du progrès, l'Evangile, dont, suivant l'expression de Léon XIII,

(1) Voir tract de la collection de l'A. P., n° 255.

« la philosophie gouvernait alors les Etats ». Et voilà la raison unique pour laquelle on a, sur cette admirable époque de notre vie nationale qu'est le XIIIe siècle, émis des idées dont l'histoire impartiale démontre l'absolue inanité. Certes, les mœurs de ce temps-là furent rudes, mais elles furent fortes, et l'existence de l'ouvrier y fut heureuse.

Déjà, du temps de Charlemagne, au dire d'un chercheur dont Taine nous apporte le témoignage dans les « Origines de la France contemporaine » (*Ancien régime*, tome I, p. 7, note), les paysans de Palaiseau, dépendant de l'abbaye de Saint-Germain-des-Prés, étaient à peu près aussi aisés qu'aujourd'hui. Par le grand mouvement de l'affranchissement des communes, les paysans échappent de plus en plus à la puissance féodale, achètent les grands domaines seigneuriaux abandonnés par leurs possesseurs au fur et à mesure de leur mise en vente, si bien qu'en 1789 la moitié de la France leur appartient en propre. (De Tocqueville, *Ancien régime et Révolution.*) Ce n'est donc pas la Révolution française qui a permis aux paysans de devenir propriétaires des champs qu'ils cultivaient.

Ces paysans vivaient-ils dans l'ignorance lamentable dont on les a parfois accusés ? C'est encore faire bon marché de l'histoire. En 797, Théodulfe, évêque d'Orléans, écrit à ses prêtres : « *Que les prêtres établissent des écoles dans les villages et les bourgs, et si quelqu'un de leurs paroissiens veut leur confier ses enfants pour leur apprendre les lettres, qu'ils se gardent de le rebuter et de lui refuser ce qu'il demande... Lors donc qu'ils les instruiront, qu'ils se gardent d'exiger d'eux aucun prix en retour de ces services; qu'ils n'en reçoivent rien, si ce n'est ce que les parents voudront bien leur offrir de plein gré et par esprit de charité.* » En 813, le Concile de Chalon-sur-Saône décrète que les évêques ouvriront des écoles dans lesquelles l'enseignement des lettres sera donné en même temps que l'interprétation de l'Ecriture Sainte. Les écoles épiscopales fournirent un système d'enseignement qui s'étendit à tous les diocèses. Elles subsistèrent pendant tout le moyen âge. Serfs et bourgeois, pauvres et riches, recevaient dans les monastères où, en particulier, s'étaient fondées ces écoles, une instruction gratuite et parfois même par surcroît la nourriture, s'ils étaient trop pauvres pour l'acheter. (De Beaurepaire, *Recherches sur l'instruction publique dans le diocèse de Normandie.*) Combien de gens pourtant s'imaginent que la Troisième République a inauguré, en France, l'instruction gratuite et les cantines scolaires. Ils se trompent simplement de mille ans, c'est peu de chose ! En 1789, la proportion de gens sachant lire et écrire était sensiblement équivalente à celle de 1862, époque à laquelle, dans une séance du Corps législatif (17 juin), il pouvait être affirmé que « un tiers des soldats et la moitié de la population ne savaient ni lire ni écrire ». Elle était certainement très supérieure à celle des premières années du premier Empire, car la jeunesse élevée pendant la première République était restée dans une ignorance effroyable. Sait-on, enfin, qu'à l'heure actuelle, le nombre des illettrés progresse d'une manière inquiétante, malgré les millions que l'on demande chaque année au contribuable pour le budget de l'instruction publique ? « *Non seulement le pays, depuis quelque temps, reste stationnaire au point de vue de l'instruction primaire, mais il semble reculer. De quelque manière qu'on établisse les calculs, cette triste impression se confirme avec une évidence contre laquelle on voudrait pouvoir se débattre* », avouait un des personnages les plus intéressés à nier un pareil état de choses, l'un des plus ardents promoteurs de l'école laïque : M. F. Buisson.

M. Briand, dans l'exposé des motifs d'un avant-projet de loi, disait de même : « *En 1882, la proportion des illettrés était, pour les hommes, de 14 %; elle était ramenée, en 1900, à 4,3 %. Mais il convient d'interpréter ce chiffre. Doit-on considérer comme lettrés des jeunes gens sachant épeler péniblement un texte, ou ceux qui parviennent, d'une main mal habile, à tracer les lettres de leur nom ? Si l'on faisait le décompte exact de ces lettrés insuffisants, nul doute que la proportion ci-dessus ne dût être élevée à 25 ou 30 %.* »

A-t-on, dans ces conditions, le droit d'être si injustement sévère pour le moyen âge, où la bonne volonté des vicaires et des moines dispensait, d'une manière si large et si vraiment gratuite, l'instruction aux enfants du peuple ?

Et quant à la situation de l'artisan du moyen âge, l'appréciation suivante d'un homme, qui n'avait évidemment pas de parti pris clérical, va nous dire comment il faut la juger : « Quand j'étais conseiller municipal, disait, le 19 janvier 1910, à la Chambre des députés, M. Denys Cochin, j'avais pour collègues deux anciens ouvriers socialistes que j'estimais beaucoup ; l'un était un vieillard charmant, d'un esprit très fin, fort instruit et érudit, M. Chabert. Un jour, causant avec lui, je dis : « Vous estimez que la classe ouvrière n'est pas bien traitée à notre époque. Quel est le moment de l'histoire où il vous semble qu'on ait le plus fait pour les ouvriers et où ils aient eu le moins de sujets de plaintes ? » Il réfléchit un instant et me dit : « Je vais vous étonner, mais il me semble que c'est vers la fin du règne de saint Louis. » Il disait cela à propos du livre des métiers qu'il avait étudié. » (*Revue A. P.*, 10 mars 1911, p. 193.)

Quelles sont donc ces organisations ouvrières du moyen âge qui méritent de pareils éloges ?

L'organisation corporative au moyen âge.

Au moyen âge, le travail n'était pas libre. On n'avait pas le droit, par exemple, d'ouvrir une boutique d'épicerie ou de cordonnerie dans une ville, sans faire partie de la corporation des épiciers ou des cordonniers de la localité, et sans observer tous les règlements de cette corporation.

La corporation pouvait donc se définir : *l'association de tous ceux qui, dans la cité, jouissaient du monopole de travailler à la confection et à la vente de produits déterminés.*

Dans la corporation on trouvait : *des apprentis, des ouvriers, des maîtres et des jurés.*

Les **apprentis** s'instruisaient de leur métier pendant un laps de temps, et suivant des règles strictement définies par les règlements de la corporation, chez des maîtres qui les traitaient comme des membres de leur famille, les nourrissaient à leur table, les logeaient sous leur toit. Cela leur était facile, car les maîtres avaient en général un apprenti, parfois deux, rarement trois. Le nombre de ces apprentis, d'ailleurs, n'était pas laissé à leur discrétion, mais fixé également par les règlements de la corporation, qui veillait à ce qu'un nombre trop grand d'ouvriers ne vînt pas, à un moment donné, occasionner une surproduction suivie d'un chômage. L'apprenti était quelquefois payé, en général il ne recevait rien autre chose, pour prix de son travail, que les leçons, le logement et la nourriture du maître.

Ouvriers, valets ou compagnons. — Au bout du temps fixé par les règlements, l'apprenti devenait ouvrier. Il se liait alors à son maître par un contrat d'une durée déterminée, et travaillait au compte de son patron, soit à la *journée*, soit à la *tâche*. Beaucoup d'ouvriers — et cela est une preuve de la manière excellente dont était conduit l'apprentissage — restaient chez les maîtres qui leur avaient donné les premiers éléments du métier et continuaient à loger chez eux, à vivre de leur vie de famille : souvent même, comme dans les comédies, cela finissait par un mariage; et on conçoit combien étaient bien assortis ces mariages, en quelque sorte professionnels, entre les filles des patrons et les ouvriers d'élite, qui par leur bonne tenue et leur amour du travail avaient su conquérir du même coup le cœur de leur fiancée et l'estime professionnelle du père.

L'ouvrier d'ailleurs ne restait pas toujours dans cette situation. Quand, sur ses économies, il avait amassé de quoi acheter ses outils et s'établir, qu'il était notoirement réputé de bonnes vie et mœurs, il pouvait concourir pour la maîtrise et passer dans ce but un examen *théorique* et un examen *pratique*. Ce dernier, consistant dans l'exécution d'un travail déterminé, était le *chef-d'œuvre*.

Maître. — Reçu dans cette double épreuve, l'ouvrier devenait maître et gagnait le produit du travail qu'il fournissait avec ses ouvriers et ses apprentis, conformément aux règlements établis par la corporation.

Jurés ou prud'hommes. — Mais toute cette corporation avait besoin d'une tête, d'un pouvoir exécutif, capable de veiller à la stricte application des règlements, Le pouvoir exécutif, c'étaient les deux *jurés* choisis annuellement à l'élection par les maîtres. Les jurés faisaient dans les ateliers des visites inopinées pour s'assurer de la bonne exécution du travail et de l'observation des règlements, de la manière dont les apprentis étaient instruits et traités, du paiement intégral des salaires. Quand une contestation s'élevait, les jurés jugeaient le différend, qu'il se soit produit entre maîtres, ou entre maître et ouvrier. Enfin, ils s'occupaient de l'achat en gros des matières premières, partagées ensuite entre les maîtres, de manière à ce que l'on fût bien sûr de la bonne qualité du produit livré au consommateur. Ces sentiments de probité et de fraternité commerciales peuvent être utilement rappelés dans un siècle où l'individualisme, pénétrant dans l'industrie comme partout ailleurs, a conduit maints commerçants à considérer la ruine de leurs concurrents, dût-elle être amenée par les moyens les moins honnêtes, comme la condition presque nécessaire de l'édification de leur fortune personnelle.

Les jurés d'ailleurs, pendant leur juridiction, n'étaient pas tout-puissants.

1° D'abord, ils ne faisaient que surveiller l'application des règlements de la corporation. Ces règlements, élaborés en assemblées générales dans lesquelles les ouvriers comme les patrons avaient accès, avaient force de loi, et les jurés ne pouvaient rien y changer de leur autorité propre.

2° Dans leurs ateliers personnels, les jurés étaient surveillés par des confrères désignés par la corporation et qui avaient, pour ces ateliers spéciaux, les droits que possédaient les jurés eux-mêmes pour les autres ateliers de la corporation.

On fait grand bruit, depuis quelques années, de lois ouvrières issues à la fin du XIXe siècle, de légitimes préoccupations sociales. Mais qu'est-ce qu'un syndicat, sinon une corporation bien moins complète que celles de jadis au point de vue de l'organisation professionnelle ? Qu'est-ce que les inspecteurs du travail, sinon des surveillants autrement moins idoines que les jurés d'autrefois ? Que valent la compétence et l'autorité des conseils de prud'hommes d'aujourd'hui, auprès de la compétence et de l'autorité des prud'hommes du XIIIe siècle ? Nous n'avons donc pas le droit d'être plus fiers qu'il ne convient en voyant comment d'autres, et il y a bien longtemps, avaient résolu d'une manière autrement satisfaisante les graves problèmes de l'heure présente, et apporté à des questions, comme l'apprentissage et le chômage (pour ne citer que ces deux-là), auxquelles nous ne remédierons jamais, semble-t-il, que par des demi-mesures inefficaces et boiteuses, des solutions vraiment professionnelles, dont la sagesse pratique force notre admiration.

La Confrérie.

Comme nous l'avons dit déjà, la corporation du moyen âge était une émanation directe de l'Eglise ; l'esprit corporatif était fondé surtout sur l'esprit religieux de fraternité chrétienne. Et pour se maintenir plus encore dans ces sentiments qui doivent être à la base de toute organisation professionnelle viable, les artisans du XIIIe siècle avaient pris le vrai moyen : celui de se grouper, à côté de leur corporation où se discutaient leurs intérêts professionnels, dans d'autres associations dénommées *confréries*, où ils s'occupaient uniquement de leurs intérêts religieux.

Les artisans qui se réunissaient ainsi se mettaient sous la protection d'un saint dont le portrait figurait sur la bannière de la corporation. Le jour de la fête de ce saint était un jour de fête corporative dont il est, malgré les siècles, demeuré quelques vestiges. C'est ainsi qu'aujourd'hui encore les musiciens fêtent sainte Cécile, et les ouvriers en fer saint Eloi. « Rien n'identifie les hommes comme l'unité religieuse », a écrit J. de Maistre. Les confréries du moyen âge ont prouvé de la manière la plus péremptoire la vérité de cette affirmation. C'est dans ces réunions entre membres de la même confrérie, dans ces cérémonies religieuses où ils se rencontraient fréquemment aux pieds des autels, dans ces assistances en corps aux mariages ou aux inhumations des confrères, que tous les membres d'un même métier se sont habitués à se considérer tous comme membres d'une même famille, à n'avoir qu'un seul cœur, qu'une seule âme, et à penser à ceux que la fortune ou la santé n'avait pas favorisés. Grâce à la « boette », tronc où l'on déposait les amendes encourues, les droits d'entrée, la vente des chefs-d'œuvre et les générosités volontaires, on pouvait secourir les pauvres et les malades du métier. C'est ainsi que plusieurs hôpitaux à Paris, entretenus par les confréries, recevaient gratuitement, au moyen âge, les malades et les infirmes de la profession.

Nous avons ces temps derniers cru faire encore une découverte : celle de la *Mutualité*. Bien des gens s'imaginent peut-être que c'est à l'aurore du xxe siècle qu'a, pour la première fois, été soupçonnée la puissance de l'idée mutualiste. Que ceux-ci se détrompent. En 1319 à Paris, des corroyeurs avaient fondé une véritable société de secours mutuels avec son droit d'entrée de 10 souls et son denier de cotisations hebdomadaires. Et quand un ouvrier était malade, il recevait « trois souls parisis » par semaine, trois souls pour la semaine où il entrait en convalescence, et « trois autres souls pour soy efforcer », c'est-à-dire pour lui permettre de se remettre progressivement à l'ouvrage.

En résumé, la confrérie a entretenu entre gens de même

métier cette fraternité, cet amour chrétien de l'Evangile dont les corporations du moyen âge ont été imprégnées jusqu'aux moelles, et qui a fait leur véritable grandeur.

Avantages de la corporation.

1° Pas de chômage. — L'absence de liberté illimitée du travail avait cette heureuse conséquence de supprimer la liberté illimitée de la concurrence. Aujourd'hui on cherche à faire fortune par la ruine de ses concurrents. Au moyen âge, on cherchait à faire gagner à tout le monde honorablement sa vie : on limitait dans ce but la production en limitant le nombre d'apprentis qu'on pouvait recevoir dans chaque profession au nombre nécessaire pour subvenir aux besoins locaux. L'ouvrier avait donc toujours du travail.

2° Repos. — L'ouvrier était libre tous les dimanches et jours de fête. Le samedi soir, il était généralement libre après vêpres, c'est-à-dire vers 3 h. ou 4 h. de l'après-midi. La « semaine anglaise », non plus, n'est pas une invention moderne, mais une réminiscence du passé.

3° Accession au patronat. — Tout bon ouvrier capable de passer son examen théorique et de faire adroitement son chef-d'œuvre, arrivait forcément patron. Et pour s'établir point n'était besoin en ce temps d'un gros outillage industriel. C'était donc pour l'ouvrier sobre, honnête et adroit la certitude d'un avenir honorable.

4° Union des maîtres et des ouvriers. — Travaillant au même atelier, côte à côte, au même travail que leurs maîtres, mangeant souvent à la même table, logeant sous le même toit, ayant par conséquent les mêmes préoccupations journalières, la même vie, comment les ouvriers, qui se savaient en plus destinés à devenir maîtres à leur tour, auraient-ils pu avoir contre leurs patrons de la défiance et de l'animosité? La haine des classes, voilà bien une chose nouvelle que le moyen âge n'a jamais connue.

Et cela nous explique comment les jurés, quoique choisis uniquement parmi les maîtres, avaient pourtant une autorité indiscutée sur les ouvriers, parce que ouvriers eux-mêmes autrefois, ils étaient, par le fait de leurs connaissances professionnelles, montés de degré en degré jusqu'au faîte des dignités corporatives.

5° Apprentissage. — Quelles tristes réflexions suggère la comparaison du pauvre apprenti d'aujourd'hui, si mal instruit dans sa profession, si exposé à tous les risques matériels et moraux, avec celle de l'apprenti de jadis reçu dans l'atelier patronal comme un fils de la maison, nourri, logé, soigné avec affection, surveillé autant au point de vue moral qu'au point de vue professionnel, et considérant son maître comme son second père, l'atelier comme une seconde famille. C'est dans ce sanctuaire que, dès son enfance, l'apprenti s'initiait au goût du beau et de la perfection du travail : gagner honnêtement sa vie et faire de belles choses, tel était l'idéal de l'artisan du moyen âge.

6° Perfection du travail. — Aussi tous les métiers, et dans chaque métier tous les ateliers rivalisaient, à cette époque, de fini dans l'exécution, non pas par avantage pécuniaire, dans le but de détourner vers leur atelier les commandes, au détriment de leurs confrères, mais par satisfaction d'amour-propre professionnel, par passion du beau. « Il y a aux voûtes de nos vieilles cathédrales, en des points où aucun regard humain ne les contemplera peut-être jamais, des dentelles de pierre, des pendentifs aussi beaux, aussi finis, aussi poussés que les sculptures du grand portail. Les artistes qui les ont faits ont travaillé avec leur âme ; peu leur importait que leur œuvre fût ou non regardée : ils avaient à faire un travail : ils voulaient que ce fût un chef-d'œuvre. » On conçoit, avec de telles conceptions, qu'en ces temps réputés par certains comme barbares, on ait pu élever des monuments tels que la cathédrale de Chartres et Notre-Dame de Paris.

D'ailleurs, pour ceux qui, aiguillonnés par un motif intéressé, auraient voulu chercher des gains illicites dans une matière première inférieure ou dans une fabrication hâtive, il y avait les règlements de la corporation qui fixaient les méthodes de travail et les sanctions à infliger en cas de leur non-observation. Et non seulement pour dénoncer ces commerçants indélicats il y avait les jurés qui pouvaient, par des visites inopinées, découvrir la fraude, mais il y avait le public lui-même, car, aux termes des règlements, le travail devait s'exécuter au rez-de-chaussée et sous l'œil scrutateur des passants. On avait ainsi, suivant une heureuse formule, « harmonisé l'intérêt du consommateur avec celui du producteur au mieux des deux partis, c'est-à-dire en vue du bien général ».

On comprendra, après cet exposé, qu'une organisation de travail si bien adaptée aux conditions d'existence et aux coutumes d'alors ait pu soulever l'admiration de gens même très mal disposés à l'égard de l'Eglise. C'est ainsi que l'un des adversaires du parti catholique belge, le libéral Prins, a écrit dans son livre sur « la Démocratie et le Régime parlementaire » : « Le moyen âge mérite notre respect, n'eût-il laissé que le souvenir de ces associations où les derniers étaient quelque chose tout en restant dans leur condition ; n'eût-il produit que ces fraternités où les déshérités de la terre eux-mêmes se rattachaient à l'idéal et à la vie par la pratique du droit, de la justice et de la charité. Il mérite notre sympathie pour avoir démontré que l'autorité peut remplir sa mission sans détruire la démocratie et que le peuple peut avoir sa part d'influence sans étouffer l'autorité sous les passions de la multitude. »

Et dans la *Revue Occidentale* du 1er janvier 1895 (*Vie nouvelle* du 17 novembre 1907), le philosophe positiviste Laffitte, professeur au collège de France, écrivait : « En fait, le moyen âge prend des mains de l'antiquité la masse humaine esclave, et la transmet libre aux temps modernes.

Ce grand résultat incontestable suffirait seul pour mettre à néant les théories révolutionnaires sur le caractère rétrograde du moyen âge. »

Nous compléterons ces citations en ajoutant ce qui leur manque, et en reportant à l'Evangile « dont la philosophie gouvernait alors les Etats » l'honneur de cette œuvre magistrale, belle comme une de ces cathédrales gothiques dont la piété de nos pères a, à cette époque, couvert la France comme d'un blanc manteau.

Crise ouvrière contemporaine [1].

Quelque admiration très légitime que l'on éprouve pour les corporations du XIIIe siècle, il est facile de se rendre compte que cette organisation du travail, admirablement adaptée aux besoins de cette époque, avait néanmoins des inconvénients que la suite des temps vint mettre progressivement en lumière.

Elle ne convenait d'abord qu'à un *commerce local sans débouchés*. Le simple fait du calcul de la quantité de marchandises à fabriquer par les corporations pour les besoins de la vente, calcul d'où résultait, nous l'avons vu, le nombre des maîtres, des ouvriers et des apprentis de la profession, impliquait nécessairement la fourniture d'une région déterminée et restreinte. C'était le cas au XIIIe siècle, où la difficulté des communications faisait, de chaque cité, comme un petit pays autonome et indépendant.

De plus, les réglementations très strictes d'après lesquelles le travail devait être exécuté, réglementations heureuses dans un sens, puisqu'elles empêchaient la confection de produits de mauvaise qualité, avaient, par contre, l'in-

(1) Livres utiles à consulter : la série des ouvrages de l'abbé Garriguet parus dans la collection : *Science et Religion* (Bloud, éditeur), notamment : *Question sociale et Ecoles sociales. Capital et Capitalisme.*

convénient d'entraver, dans une certaine mesure, le progrès de l'industrie. L'amélioration des moyens de production naît en effet presque exclusivement de la concurrence. Or, au moyen âge, cette concurrence restreinte et comme étranglée par tant de réglementations était à peu près réduite à l'impuissance. De nos jours, au contraire, un industriel se donnera plus de mal pour découvrir un procédé nouveau avec lequel il fera fortune, que ne s'en donnait un marchand du XIIIe siècle pour mettre au point une méthode nouvelle destinée à profiter autant à ses confrères qu'à lui-même.

Ces inconvénients, très secondaires au XIIIe siècle, devaient de jour en jour se faire plus vivement sentir. Comme toute œuvre humaine, quelque appropriée qu'on la suppose aux mœurs et aux conceptions d'une époque déterminée, les corporations allaient se trouver en butte à l'inévitable évolution des idées et des coutumes, et, disons-le de suite, leur tort fut de ne pas assez comprendre la nécessité de plier leurs cadres rigides aux besoins et aux mentalités des générations nouvelles.

Cette résistance aux modifications indispensables, cette immobilité dans la forme même, sous laquelle, à un moment donné, une institution a brillé d'un vif éclat, est un fait courant et normal dans l'histoire. Hypnotisé par le passé, on ne s'aperçoit pas que le temps marche et que les mêmes principes doivent se traduire par des applications différentes. « L'engourdissement de la victoire » est bien connu, par exemple, de tous les écrivains militaires qui assignent, comme cause première à nos désastres de 1870, le glorieux et fascinant souvenir des victoires napoléoniennes. Prenons garde, à notre tour, de tomber dans la même erreur et que l'admiration que nous éprouvons pour les corporations nous incite, non pas à les reconstituer servilement, ce qui serait une maladresse et une utopie, mais à rechercher les principes qui ont fait leur grandeur dans le passé, et l'application pratique de ces principes dans le temps présent

Décadence des corporations.

Trois causes contribuent, à partir du XVIe siècle surtout, à accélérer la décadence des corporations.

1° *La découverte de l'Amérique coïncidant avec la plus grande facilité des communications.* — Cet événement marque le commencement de la grande industrie, celle qui fabrique pour des débouchés lointains et inconnus, celle dans laquelle chaque usine aspire à accaparer le marché mondial.

2° *La fiscalité des charges corporatives.* — Pour remplir les caisses du Trésor souvent vides, le roi décréta que les charges de maîtres et de jurés s'achèteraient au lieu d'être des titres acquis par un examen professionnel, ou conférés par une élection du corps de métier. Ce décret du pouvoir central fut le coup le plus direct et le plus funeste porté aux corporations.

Les maîtres se recrutèrent désormais parmi les ouvriers non les meilleurs, mais les plus riches; les jurés ne furent plus ces magistrats corporatifs que la confiance de leurs pairs investissait d'une autorité reconnue et acceptée de tous, mais des fonctionnaires royaux, ayant assez d'argent pour se payer une charge à vie, dont les bénéfices possibles les inquiétaient plus que la bonne organisation professionnelle. On vit dès lors apparaître une première ébauche de prolétariat, on vit se creuser un fossé, de jour en jour plus profond, entre maîtres et ouvriers, autrefois si unis par l'accession possible de tous les bons ouvriers à la maîtrise. La monarchie autoritaire et besogneuse du XVIe siècle détruisait l'œuvre admirable des premiers rois capétiens, véritables instaurateurs de toutes les libertés communales et professionnelles.

3° *Enfin, la diminution des sentiments religieux.* — Le protestantisme est apparu, et du premier coup on a pu juger l'arbre à ses fruits. A ce dogme grandiose de la Communion des saints, par lequel chaque catholique se sait solidaire de tous les fidèles présents, passés et futurs, par lequel il croit tous ses mérites, tous ses labeurs, tous ses efforts versés dans le trésor commun de cette vaste collectivité chrétienne, dans le sein de laquelle il se sent intimement uni à tous par une commune croyance pleinement et librement acceptée, — à ce sentiment par conséquent social au premier chef du dévouement utile, journalier, incessant de tous pour chacun et de chacun pour tous, le protestantisme a voulu substituer le dogme de l'individualisme religieux et social. Plus de croyance commune, chacun peut ouvrir l'Evangile et l'interpréter au gré de sa raison, c'est-à-dire le plus souvent de son intérêt et de ses passions; par conséquent, plus de lien social. On reproche souvent — et à juste titre — à la Révolution d'avoir inauguré l'ère de l'individualisme; mais où ses philosophes ont-ils puisé leurs principes, sinon dans la théorie du libre examen? Et qu'est-ce, en somme, que la fameuse Déclaration des Droits de l'homme, sinon l'aboutissement logique des idées de la Réforme? Jamais on ne mettra assez en relief les déplorables conséquences sociales de cette « religion de l'orgueil » stérilisant la bienfaisante influence de « la religion de l'amour ». Et pour quiconque veut remonter de proche en proche jusqu'à la cause première des malaises du temps présent, il apparaît, d'une manière évidente, que tous ces maux ont pour principale origine l'orgueilleux intellectualisme de ces deux malfaiteurs de l'humanité qui s'appellent Luther et Calvin.

L'artisan, au XIIIe siècle, était chrétien et satisfait de son sort; au XVIe, sa foi diminue et sa situation est moins heureuse, vérification lumineuse du précepte de Le Play, cité dans l'introduction à ces causeries, que le bonheur d'une société peut se mesurer à la manière dont elle obéit au « Décalogue éternel ».

Toutes ces causes de décadence superposées créèrent, au point de vue social, un véritable malaise. Les corporations, qui avaient jadis reçu l'adhésion joyeuse, unanime de tous les artisans, furent de plus en plus critiquées et battues en brèche. Les philosophes du XVIIIe siècle, imbus de l'individualisme protestant, entrèrent tout naturellement en lutte, au nom de la liberté du travail, contre les derniers vestiges de ces institutions antiques issues de l'esprit même de l'Evangile, et malgré les éloquents avertissements de quelques penseurs judicieux et avertis qui, selon le mot de Taine, estimaient qu' « en histoire, mieux vaut continuer que recommencer », Turgot d'abord, en 1776, l'Assemblée constituante ensuite, en 1791, supprimèrent les corporations. Le 14 juin 1791, Chapelier fit voter une loi aux termes de laquelle : « L'anéantissement de toutes espèces de corporations étant l'une des bases de la Constitution, il était défendu de les rétablir sous quelque prétexte que ce soit »; défense était faite, en outre, aux citoyens de même état ou profession, de se réunir pour l'examen et la discussion de *leurs « prétendus intérêts communs »*. C'en était fait, selon l'expression de Léon XIII : « Les ouvriers se trouvaient livrés isolés et sans défense à la merci de maîtres inhumains et à la cupidité d'une concurrence effrénée (1). »

Causes de la crise ouvrière contemporaine.

Que cette crise existe, qu'il y ait à l'heure actuelle un immense malaise social, que ce soit autour de ces angoissants problèmes sociaux que gravitent principalement les préoccupations des générations contemporaines, c'est un fait trop évident pour que nous nous attardions à le démontrer. A l'heure actuelle, et dans tous les pays du monde, on se sent à la veille d'événements bien autrement graves que ceux qui, il y a cent ans, ont déjà ébranlé notre pays.

Conformément aux principes de toute enquête bien ordonnée, nous avons l'intention, dans cette causerie et dans celles qui vont suivre, après avoir constaté l'existence du mal, de chercher les causes de ce mal et les remèdes à y apporter.

(1) Encyclique *Rerum Novarum*.

Les causes de la crise ouvrière contemporaine sont multiples, mais on peut en distinguer trois principales :

1° L'inorganisation du travail ;

2° L'augmentation disproportionnée de la vie industrielle et le caractère anonyme du patronat contemporain ;

3° L'affaiblissement du sentiment religieux.

Inorganisation du travail. — Comme nous le disions tout à l'heure, les théoriciens de la Révolution, appliquant dans le domaine politique et social la conception individualiste que les fondateurs du protestantisme avaient inaugurée dans le domaine religieux, s'appliquèrent à supprimer, par principe, tous les liens qui unissaient les hommes entre eux, pour donner à chaque citoyen débarrassé de toutes ces entraves la plénitude de sa liberté. « O liberté, disait une révolutionnaire célèbre en allant à l'échafaud, ô liberté, que de crimes on commet en ton nom ! » Cette parole, arrachée à une âme pourtant éprise des doctrines nouvelles, par les monstrueux attentats auxquels la liberté servait de prétexte, est la condamnation de toute l'œuvre révolutionnaire.

Les artisans autrefois, nous l'avons vu, n'étaient pas isolés les uns des autres ; bien au contraire, leur étroite union professionnelle était pour eux une incomparable force ; sous prétexte de liberté du travail, on supprima cette union bienfaisante et on les contraignit à rester isolés, impuissants, en face d'un patronat de jour en jour plus solidement organisé. Les hommes, autrefois, ne se sentaient pas des unités éparses, sans passé et sans avenir, mais les anneaux d'une chaîne familiale par laquelle se transmettaient aux siècles futurs les traditions des siècles disparus. La Révolution a jugé les liens familiaux incompatibles avec la dignité humaine et a porté à la famille des coups dont elle ne se relèvera peut-être jamais. Les citoyens autrefois avaient, dans le gouvernement du pays, une influence collective ; un lien politique unissait les uns aux autres les gens d'une même condition sociale, et les intérêts de chacun étaient représentés et défendus non par lui-même, mais par son *ordre* (ordres de la noblesse, du clergé, du Tiers-État). Et il est certain que les réclamations et revendications de ces collectivités donnaient une impression exacte des besoins et des aspirations *moyennes* de ceux qui les composaient. La Révolution a supprimé cela ; on ne vote plus par ordre, on vote maintenant par tête ; on ne se préoccupe plus d'intérêts généraux, on ne se préoccupe plus maintenant que d'intérêts personnels, et comme tous les citoyens sont, d'après les principes révolutionnaires, égaux dans leurs droits, on en arrive à donner une égale valeur au bulletin d'un ivrogne qui, sous l'influence de l'alcool, vote d'un geste inconscient, et au bulletin déposé dans l'urne par le chef de l'Etat. Tous les hommes sont libres, tous les hommes sont égaux : aphorismes dont une minute de réflexion démontre l'absurdité, et sur lesquels pourtant est construite toute l'œuvre révolutionnaire.

La misère de l'ouvrier au XIXe siècle devait mettre en lumière, d'une manière navrante, les conséquences de cet individualisme professionnel. La liberté du travail tant vantée n'a été pour l'ouvrier, suivant le mot du cardinal Manning, que la « liberté de mourir de faim ». Que peuvent faire, en effet, les ouvriers isolés en face d'un patronat puissamment organisé, sinon accepter sans murmurer les conditions du travail qui leur sont offertes, et se disputer même les salaires de famine pour n'être pas réduits à manquer du pain quotidien ? *La liberté illimitée du travail* a une contrepartie évidente et terrible : *la liberté illimitée de la concurrence;* et la liberté illimitée de la concurrence conduit fatalement à la *toute-puissance de l'argent;* parce que, comme l'a fait remarquer Mgr Ketteler, « si les capitaux ne sont pas vivants, les ouvriers, eux, le sont ; et si les capitaux peuvent dormir, les ouvriers, eux, ont toujours besoin de manger. » Et dans ces conditions, en fin de compte, le plus riche est toujours sûr d'avoir le dernier mot.

Une enquête, même sommaire, sur la situation ouvrière

au XIXe siècle, suffit à établir la malfaisance de cette « liberté du travail », offerte en présent aux travailleurs par la législation révolutionnaire. Nous nous bornerons, à ce sujet, à cette seule citation qui semble particulièrement concluante : « En l'absence de toute protection du travailleur, même enfant, la concurrence des bras conduisit aux salaires de famine, en même temps qu'à l'interminable prolongement de la journée de travail dans des ateliers ou des usines où les prescriptions de l'hygiène étaient absolument inconnues. D'après Villermé, en 1840, la moyenne de la journée de labeur dans les usines françaises est de 13 à 14 heures, mais cette moyenne est fréquemment dépassée. Les tisserands de coton de Rouen travaillaient jusqu'à 17 heures par jour, et, dans certaines usines du Nord, on demandait tous les deux ou trois jours 24 heures de présence et de travail ininterrompu au personnel. Les femmes étaient soumises comme les hommes à ces terribles conditions, et pour un salaire quotidien qui, dans les grandes usines, s'élevait en moyenne à 1 fr. 02. Dans ces usines on trouvait non seulement des « ouvriers de 8 ans », conformément au titre de l'ouvrage célèbre de J. Simon, mais des ouvriers de 6 ans. A Sainte-Marie-aux-Mines, il y avait des dévideurs de trames de 4 à 5 ans, pauvres petits qui dévidaient prématurément leur vie... Des enfants de 6 ans et moins n'en restaient pas moins comme les hommes liés au travail 14 heures par jour (1). »

Voilà le résultat de l'isolement professionnel.

Aussi néfaste a été l'isolement familial. Jalouse de ne laisser subsister aucun groupement intermédiaire entre l'individu isolé et l'Etat omnipotent, la Révolution ébranle de tout son pouvoir l'institution de la famille. Elle proclame d'abord l'absolue indépendance des enfants vis-à-vis des parents. « La patrie, disait Robespierre, a le droit d'élever ses enfants : elle ne peut confier ce soin à l'orgueil des familles, aux préjugés des particuliers. » Elle brise

(1) Gonnard : *La femme dans l'industrie.*

ensuite la tradition familiale en enlevant au chef de famille le droit de transmettre sa fortune, dans les conditions qu'il juge les meilleures pour le bien commun de tous. Elle fait ainsi de la famille « une société momentanée qui ne survit pas à son chef, qui se dissout par sa mort, et se trouve par suite dans un état de perpétuelle liquidation (1). »

Elle brise enfin la permanence de la famille par la loi du divorce, cette loi monstrueuse, « cette loi meurtrière de la vie familiale et de la vie religieuse, cette loi d'anarchie et de désordre », qui fait de l'union sacrée du mariage une « polygamie successive (2) ». En un mot, pour employer l'expression de Renan, la Révolution élabore « un ensemble de lois pour un citoyen idéal naissant enfant trouvé et mourant célibataire ». Le résultat, nous le voyons trop nettement aujourd'hui ; l'esprit de famille existe-t-il encore ? N'a-t-il pas fortement décliné chez les générations contemporaines ? Et n'est-il pas naturel, dans ces conditions, que certains individus, se sentant isolés, sans liens qui les rattachent à quoi que ce soit, ni dans le passé, ni dans le présent, deviennent anarchistes, et cherchent leur bonheur avant tout, ce bonheur dût-il être acheté par le bouleversement de la société ?

Inorganisées professionnellement, inorganisées familialement, les générations contemporaines ont-elles été organisées politiquement ? Nous ne pouvons, sans sortir du cadre de ces études, aborder ce sujet, mais que d'aveux pénibles nous aurions à faire si nous avions à répondre à cette question : « A l'heure actuelle, les rouages administratifs sont-ils agencés de manière à jouer au mieux des intérêts de l'ensemble du pays ? »

Et voilà la cause première de la crise contemporaine : *l'inorganisation générale*, résultant de cette erreur grossière, dogme intangible de la Révolution, de la légitimité des seuls droits individuels. Non, l'homme n'est pas un isolé, il est membre d'une famille, membre d'une cité,

(1) de Pascal.
(2) Bourget : *Un divorce.*

membre d'une profession. Au-dessus de ses droits personnels, il y a les droits primordiaux de ces collectivités auxquelles il appartient, qu'il le veuille ou non. Le rejet de cette incontestable vérité a conduit les générations contemporaines à l'anarchie, à la révolte, à l'envie universelle et au plus dégradant égoïsme. Comment être heureux dans ces conditions-là ?

Augmentation disproportionnée de la vie industrielle et caractère anonyme du patronat contemporain. — Les découvertes scientifiques des temps modernes ont porté le machinisme à un extraordinaire degré de perfection. « Autrefois il fallait plus de vingt hommes pour faire manœuvrer un marteau-pilon, aujourd'hui un enfant le fait mouvoir en se jouant. Jadis, dans les filatures de coton, une bonne ouvrière à la main faisait tout au plus le travail d'une broche mécanique ; aujourd'hui un ouvrier conduisant une renvideuse ou « self acting », dirige aisément 500 broches et fait ainsi le travail de mille bonnes ouvrières. Un homme, avec deux chevaux et une bonne machine, coupe, à lui seul, en une journée, plus de blé que ne le feraient six moissonneurs pendant toute une semaine (1). » On s'est donc de plus en plus adressé à la production mécanique. Or, plus les entreprises sont vastes, moins les frais généraux sont proportionnément élevés. Il ne faut évidemment pas pour une filature de 50.000 broches, dix fois plus de terrain que pour une filature de 5.000 ; un contremaître surveille aussi bien 40 ouvriers que 20. On a donc avantage à faire grand. De là l'origine de ces immenses entreprises de *production* et de *vente*, qui, par le fait même de la diminution de leurs frais généraux, peuvent offrir leurs produits à des prix ruineux pour la petite industrie et le petit commerce. Il y a des usines qui fournissent toute une région d'un produit déterminé. Dans chaque ville importante, il y a maintenant de ces bazars colossaux où l'on trouve tout ce qui est nécessaire à l'habillement, à l'ameu-

(1) Garriguet : *Question sociale et Ecoles sociales*, p. 25.

blement, etc..., amas formidable d'articles autrefois détaillés par 50 maisons différentes.

Mais pour monter de pareilles entreprises, la fortune d'un seul homme, si riche soit-il, est insuffisante. On forme alors une *société anonyme*, c'est-à-dire qu'on réunit un capital au moyen d'un nombre plus ou moins considérable d'actions. *Dans la société anonyme, le patron n'existe plus.* L'ouvrier se trouve bien en rapport avec des contremaîtres, des ingénieurs ; au-dessus de ceux-ci il y a bien un conseil d'administration, mais ce conseil n'est que le simple délégué des actionnaires, et quant à ceux-ci les ouvriers ne les connaissent pas et ne peuvent pas les connaître.

Et, notons ce fait, parmi ces actionnaires peuvent très bien se rencontrer des ouvriers qui trouvent là un emploi rémunérateur de leurs économies, et qui, par leur désir, légitime en soi, d'en faire un placement fructueux, ont leur part de responsabilité dans les méfaits de l'exploitation anonyme.

Car n'oublions jamais *qu'anonyme* est toujours synonyme *d'irresponsable*. Autrefois, quand il n'y avait que des propriétés terriennes, familiales, héréditaires, ou bien des petites industries dirigées de père en fils par un seul patron on trouvait facilement le propriétaire foncier ou l'employeur à qui l'on pouvait soumettre sa réclamation. Et cette réclamation, ce propriétaire foncier ou ce patron, étaient amenés à l'examiner avec bienveillance, avec attention, en pensant que leur terre ou leur usine étaient destinées à leurs fils, et qu'il y avait intérêt à maintenir la bonne harmonie entre tous. Aujourd'hui en est-il de même ? Quand une action a rendu tout ce qu'elle pouvait rendre, on la vend et tout est dit : les fluctuations de la Bourse, voilà ce qui intéresse ; les doléances des ouvriers, qui donc s'occupe de cela ? « Il peut se trouver des patrons industriels qui compatissent au sort misérable de leurs ouvriers : mais en est-il ainsi avec les sociétés anonymes ? » (Cardinal Simor.) Et voilà la seconde cause du malaise contemporain : non seulement l'ouvrier ne peut plus devenir, dans la généralité des cas, patron comme autrefois ; non seulement il y a maintenant une séparation radicale entre le patron et l'ouvrier, laborieusement réunis jadis au même établi ; mais, à cause des sociétés anonymes, le patron est devenu un mythe : *il n'existe plus.*

De plus en plus, et ceci est important à remarquer, les entités vivantes qui se trouvaient jadis en présence : *les patrons et les ouvriers*, tendent actuellement à être remplacées par deux abstractions : *le travail et le capital.*

Affaiblissement du sentiment religieux. — Dans ces conditions — la religion n'étant plus là, trop souvent, pour rappeler à chacun ses devoirs — le capital cherchera à tirer du travail la plus forte rémunération possible. « Au point de vue économique, écrit M. de Molinari, les travailleurs doivent être considérés comme de véritables machines. Ce sont des machines qui fournissent une certaine quantité de forces productives et qui exigent, en retour, certains frais d'entretien et de renouvellement pour pouvoir fonctionner d'une manière régulière et continue. » Cela, mes amis, n'est pas sorti de la plume d'un possesseur d'esclaves, mais de celle d'un écrivain du XIXe siècle. « Que l'on ne perde pas de vue que la science industrielle consiste à obtenir d'un être humain la plus grande somme possible de travail en le rémunérant au taux le plus bas », répondait un patron belge à l'enquête de 1886.

Sans doute les patrons qui pensent et écrivent de pareilles monstruosités sociales sont une minorité, une très petite minorité, au moins aujourd'hui. Mais sous le régime de la concurrence illimitée, il se produit ce fait navrant qu'il suffit de quelques-uns qui appliquent ces maximes pour condamner les autres, soit à les mettre à contre-cœur en pratique, soit à se ruiner. « Les réquisitoires les plus violents dirigés contre les patrons, écrit P. Bureau, se briseront toujours contre cette réponse qui résiste comme un granit inattaquable et que font journellement tant d'industriels à leurs accusateurs : « Il est certain que vous n'êtes pas assez

« ignorant pour me croire si coupable. Comme vous je « déplore les maux que vous me signalez, mais je ne puis « rien faire pour y porter remède. Si jamais je renvoyais de « mon usine toutes les femmes mariées et toutes les jeunes « filles, et si je les remplaçais par des hommes à qui je « paierais un salaire suffisant pour qu'ils ne soient pas « obligés de faire travailler leurs femmes et leurs enfants, « vous savez aussi bien que moi qu'avant six mois j'aurais « fait faillite. » En vérité, que répondre à cela ?

Et comme pour gagner de l'argent il faut pouvoir offrir au prix le plus bas une marchandise déterminée, on cherche à payer le moins cher possible la confection, et c'est le « sweating-system », le système qui fait « suer » le labeur à l'ouvrier. Et voilà comment des mères de famille, pour 12 heures de travail, à Paris, arrivent aujourd'hui sur certains articles à gagner de 0 fr. 80 à 1 fr.

Que nous voilà loin, n'est-ce pas, des belles maximes évangéliques : « Ne fais pas à autrui ce que tu ne voudrais pas qu'on te fasse. » — « Aime ton prochain comme toi-même pour l'amour de Dieu. » Ah ! la philosophie de l'Evangile ne gouverne plus les Etats, l'homme ne considère plus l'homme comme son frère, mais comme un concurrent impitoyable et l'on en revient à la vieille maxime païenne : *Homo homini lupus*. Les hommes sont les uns vis-à-vis des autres comme de véritables loups. Et qu'on ne dise pas que la religion n'a rien à voir dans ces questions économiques. A défaut de toute autre réponse, l'Encyclique *Rerum Novarum* suffirait à réfuter victorieusement cette affirmation. Nous sommes *responsables de notre prochain*, c'est l'Evangile qui nous l'assure, responsables de sa vie matérielle, responsables surtout de sa vie familiale, religieuse, sociale. Ah ! si les patrons et les ouvriers se rendaient compte de ces responsabilités réciproques, que de choses changeraient ! Que de modifications légitimes se trouveraient apportées à l'état de choses actuellement existant !

Pour réaliser ces réformes, l'Eglise possède une force merveilleuse. Un des chefs du socialisme allemand, Liebknecht, le proclamait : « Votre Eglise catholique est une puissance invincible, parce qu'elle est une puissance sociale, et tant qu'elle restera puissance sociale, elle sera invaincue. » Elle a dans sa doctrine réponse à tout; sur ses principes de justice, de fraternité, de solidarité et d'amour, il est possible aujourd'hui, comme autrefois, de bâtir une demeure magnifique, où tous les fils du même Père qui est dans les cieux pourraient vivre côte à côte, aussi heureux qu'on peut l'être ici-bas. Pour arriver à ce but, l'Eglise nous donne des préceptes qu'il n'y a qu'à suivre, des règles précises auxquelles il n'y a qu'à se conformer.

Elle n'est pas une démolisseuse, mais une bâtisseuse toujours en chantier pour réédifier le nouveau monde sur l'éternel fondement qui est le Christ. Elle a en même temps que les promesses de la vie éternelle la science des procédés les plus sûrs pour conduire l'humanité dès ici-bas au bonheur. Tout cela nous l'étudierons, nous le prouverons plus tard. L'Eglise, en un mot, s'offre à servir de guide désintéressé et sûr, et on la repousse et on la méprise. Ce n'est plus le Christ qui est le Maître du monde, c'est l'argent.

Et au chevet de l'humanité qui souffre, sans consolation et sans espérance, des voix de haine se font entendre, éveillant dans les âmes aigries de trop compréhensibles échos : « D'un côté, disent-elles, il y a quelques jouisseurs, de l'autre une multitude qui souffre. Pourquoi ces heureux et ces misérables ? La société est mal faite, il faut la briser pour la reconstruire sur des bases plus équitables, en donnant à chacun une part égale de bonheur. Et comme les privilégiés répugnent naturellement à se laisser déposséder, il faut vis-à-vis d'eux recourir à la violence. Le monde ne peut donc être régénéré que par les convulsions violentes d'une révolution sociale qui seule peut apporter le bonheur à l'ouvrier. »

Tel est le remède à la crise actuelle proposé par les collectivistes. Nous allons, au cours des causeries prochaines, en examiner les fascinantes mais irréalisables utopies.

O. Jean.

TABLE DES MATIÈRES

BIBLIOTHÈQUE SYNDICALE

BROCHURES DE L'ACTION POPULAIRE A 0 FR. 25 (FRANCO)

Associations et Syndicats, par Léon de SEILHAC (*nos 9 et 10*)...	0.50
Les **Associations**, par Henry de FRANCE (*no 87*)...............	0.25
Pourquoi et comment s'associer, par Georges PIOT (*no 62*)....	0.25
Le Syndicat agricole, par H. DE GAILHARD-BANCEL (*no 5*) *10e mille*	0.25
L'âme des Syndicats agricoles, par l'Abbé TISSOT (*no 14**).....	0.25
Le Syndicat agricole de la Champagne, par A. RENAULT (*no 25*).	0.25
Syndicat agricole modèle à Quet-en-Beaumont, par VALERY (*no 48*)..	0.25
Associations agricoles — Syndicats, par M. DE VISMES (*no 125*).	0.25
Union des Syndicats agricoles de Remiremont, par J.-B. PIERREL (*no 103*)..	0.25
La Fédération agricole du Nord de la France (*no 111**).......	0.25
Les Associations agric. dans le Brabant, par A. MALET (*no 123*).	0.25
Associations profession. nivernaises, par l'abbé PICQ (*no 171*).	0.25
Les Syndicats de chèvres en Belgique, par C. BELLENGER (*no 183*)	0.25
Syndicat de sylviculteurs, par Louis MARNAY (*no 141*)........	0.25
Un Syndicat de Marins Pêcheurs, par Lucien FLAMENT (*no 207*).	0.25
Syndicats d'Ouvrières lyonnaises, par Mlle ROCHEBILLARD (*no 31*).	0.25
Syndicats ouvriers allemands, par Max TURMANN (*no 76*).....	0.25
Le mouvement des Syndicats ouvriers chrétiens en Belgique, par le comte H. DE BOISSIEU (*no 202*)......................	0.25
La Confédération Générale du Travail, par E. BEAUPIN (*no 174*)	0.25
Une Bourse du travail catholique « La Concordia » de Bruxelles, par G. MÉNY (*no 193*)...........................	0.25
En Allemagne : Associations profession., par H. CETTY (*no 162*).	0.25
Le Syndicat du Fil et de l'Aiguille, par Stanislas DU LAC (*no 4*).	0.25
L'Association professionnelle contre la tuberculose, par Paul PARSY (*no 120*)..	0.25
Le Syndicat central des Unions fédérales, par A. PERRIN (*no 36*)	0.25
Syndicat des Employés du Commerce et de l'Industrie, par Ch. VIENNET (*no 282*)....................................	0.25
Les Syndicats féminins de la rue de l'Abbaye, par Michel EVIN (*no 245*)..	0.25
Le Syndicalisme dans l'enseignement libre, par G. DESBUQUOIS (*no 189**)..	0.25
Syndicats et Commissions mixtes, par Emel RIVIÈRE (*no 43*)...	0.25
Les erreurs du Syndicalisme français, par A. ALBARET (*no 199*).	0.25
Le Label aux Etats-Unis, par Claire GÉRARD (*no 250*)..........	0.25
Les Syndicats de l'Enseig. libre, par Albert BANZET (*no 258*)..	0.25
L'Eglise et l'Organisation du travail, par O. JEAN (*no 256*)....	0.25
Comment réaliser la justice dans le Contrat de Salariat, par J. ZAMANSKI (*no 261*)....................................	0.25
Le Règlement d'atelier et le contrat de travail, par Henry du ROURE (*no 262*)..	0.25
Le Syndicat ? Pourquoi ? Comment ? (*no 263*)................	0.25
L'Action syndicale au regard de la doctrine catholique, par Georges GUITTON (*no 264*)................................	0.25

Bar-le-Duc. — Impr. Brodard, Meuwly et Cie. — 6277,6,13.

TABLE DES MATIÈRES

www.ingramcontent.com/pod-product-compliance
Lightning Source LLC
LaVergne TN
LVHW020303230826
846091LV00006B/2505
* 9 7 8 2 0 1 3 7 0 6 0 9 4 *